EL PODER
DENTRO

Lograr La Verdadera Grandeza
Eliminar Las Limitaciones Autoimpuestas

EL PODER
DENTRO

Escrito por
Vikki Jones

Tapa blanda ISBN: 979-8-9903203-9-0
Libro electrónico: 979-8-9903203-8-3

Publicado en Estados Unidos de América

10 9 8 7 6 5 4 3 2

VMH Publishing
Nueva York, Nueva York

Tabla de Contenido

Introduction

"El Poder Interior" es un viaje convincente y transformador que lo invita a desbloquear el extraordinario potencial que reside dentro de cada uno de nosotros. En un mundo lleno de incertidumbres y obstáculos, es fácil pasar por alto el inmenso poder que reside dentro de nuestro propio ser. Es posible que hayas escuchado el dicho: "Tienes lo que hace falta", pero ¿realmente lo crees? Este libro está aquí para recordarle que no importa quién sea usted, dónde se encuentra actualmente en la vida o qué carrera profesional haya elegido, la capacidad de vivir la vida que desea existe dentro de usted.

Es cierto; Lograr sus sueños y vivir una vida plena puede requerir trabajo duro, innovación y una pizca de creatividad. Sí, es posible que tengas que pensar fuera de lo común, pero aquí está la conclusión: es completamente posible. La clave es reconocer el potencial que posees, aprender a aprovechar ese poder, desarrollarlo y utilizarlo no sólo para mejorar tu propia existencia sino también para dejar un impacto positivo en quienes te rodean.

Este libro es más que una simple guía; es un espejo que refleja tu verdadera esencia, revelando la fuerza y las capacidades que pueden estar escondidas en tu interior. A través de consejos prácticos, cambios de mentalidad transformadores y el arte de contar historias personales, "The Power Within" se dedica a revelar la grandeza que reside dentro de ti.

Verá, lo que muchas personas no se dan cuenta es que las respuestas que buscan, la fuerza que anhelan y el cambio que desean ya están presentes dentro de ellos. Con demasiada frecuencia buscamos externamente lo que sólo podemos descubrir internamente.

Este viaje no se trata de encontrar algo nuevo; se trata de descubrir algo que siempre ha estado ahí. Cada capítulo le proporcionará las herramientas, los conocimientos y las revelaciones necesarios para reconocer y aprovechar este increíble poder.

Entonces, si estás listo para embarcarte en una apasionante expedición de autodescubrimiento, si estás ansioso por revelar la fuerza y las habilidades latentes que se encuentran dentro de tu núcleo, entonces prepárate para una odisea extraordinaria.

Abre tu mente, abre tu corazón y emprendamos este viaje de empoderamiento y autorrealización. En las páginas de este libro, encontrará la guía que necesita para conectarse con su potencial interior, liberando el poder interior para dar forma a una vida de propósito, plenitud e impacto ilimitado.

Prepárate para abrazar la grandeza que hay dentro de ti. Es hora de embarcarse en un viaje transformador donde el destino no sea un lugar lejano, sino más bien una profunda comprensión y apreciación del ser extraordinario que eres.

Capítulo 1

La Esencia del Poder Personal:
Comprender el Combustible de La Grandeza

El poder personal es la fuerza interior que ayuda a las personas a tomar el control de sus vidas y alcanzar sus metas. En nuestro mundo lleno de infinitas posibilidades y oportunidades, existe una fuerza fundamental que nos impulsa a alcanzar la grandeza: el poder personal. Pero, ¿qué es exactamente el poder personal y cómo se puede aprovechar su esencia para desbloquear todo su potencial?

El poder personal se puede definir como la fuerza interior y la confianza que nos permite tomar el control de sus vidas, tomar decisiones y perseguir sus objetivos con convicción. Es la fuerza impulsora detrás del éxito, la resiliencia y la satisfacción en todos los aspectos de la vida.

Pero el poder personal no se trata sólo de fuerza física o asertividad. Va más allá de meras medidas externas de éxito y abarca un profundo sentido de autoconciencia, inteligencia emocional y la capacidad de aprovechar sus talentos y habilidades únicos.

Para comprender verdaderamente la esencia del poder personal, primero hay que reconocer que no es algo que pueda obtenerse mediante validación externa o posesiones materiales. En cambio, el poder personal surge de un profundo sentido de autoestima y de creencia en sus capacidades.

Aprovechar el poder personal requiere la voluntad de aceptar la vulnerabilidad, enfrentar los desafíos de frente y aceptar el fracaso como un trampolín hacia el crecimiento. Se trata de ser auténtico, honesto y fiel a uno mismo, incluso ante la adversidad.

A medida que usted aprovecha su poder personal, ellos comienzan a cultivar un sentido de fuerza interior y resiliencia que les permite navegar los altibajos de la vida con gracia y confianza. Se convierten en dueños de su propio destino, capaces de canalizar su energía y concentrarse en lograr sus sueños y aspiraciones.

En el camino hacia el poder personal, es importante recordar que la grandeza no se define por medidas externas de éxito o la aprobación de los demás. En cambio, la verdadera grandeza radica en la capacidad de cultivar un sentido de fuerza interior, confianza y autenticidad que le permite a uno brillar intensamente en un mundo lleno de infinitas posibilidades.

A medida que avanzas en tu viaje hacia el poder personal, recuerda que el combustible de la grandeza está dentro de ti. Elimine cualquier limitación autoimpuesta, acepte su singularidad, cultive sus fortalezas y crea en su capacidad para lograr cualquier cosa que se proponga. Porque el verdadero poder personal no se trata sólo de lo que haces, sino de en quién te conviertes en el proceso.

A continuación se ofrecen algunas sugerencias que le ayudarán a comprender su poder personal:

- Autorreflexión: tómate el tiempo para explorar tus fortalezas, debilidades, valores y creencias internos para comprenderte mejor a ti mismo.

- Acepte la vulnerabilidad: reconozca sus vulnerabilidades y considérelas como oportunidades de crecimiento y superación personal.

- Establezca metas: defina metas claras y alcanzables que se alineen con sus valores y aspiraciones.

- Desarrollar resiliencia: desarrollar la capacidad de recuperarse de reveses y desafíos con determinación y fuerza.

- Cultive la autoconciencia: sea consciente de sus pensamientos, emociones y acciones para mejorar su autocomprensión.

- Autenticidad: mantente fiel a ti mismo y expresa tus verdaderos pensamientos y sentimientos sin miedo a ser juzgado.

- Aprendizaje continuo: participe en el aprendizaje permanente para ampliar sus conocimientos, habilidades y perspectivas.

- Mentalidad positiva: cultive una actitud positiva hacia usted mismo, los demás y la vida en general.

- Practica la empatía: desarrolla la capacidad de comprender y conectar con los demás a nivel emocional.

- Tome acción: implemente sus planes, tome decisiones y tome medidas proactivas para cumplir sus metas y aspiraciones.

- Si sigue estos pasos, podrá comenzar a aprovechar su poder personal, desbloquear todo su potencial y embarcarse en un viaje hacia la grandeza.

Capítulo 2

Eliminación de Limitaciones Autoimpuestas

Las limitaciones autoimpuestas son esas barreras invisibles que construimos en nuestra mente y que nos impiden alcanzar nuestro máximo potencial. Estas limitaciones pueden manifestarse de diferentes formas, como la duda, el miedo al fracaso o el diálogo interno negativo. Nos impiden explorar nuevas oportunidades, perseguir nuestros sueños y vivir una vida plena. Sin embargo, la clave está en reconocer y aceptar estas limitaciones para liberarse de sus garras.

Eliminar las limitaciones autoimpuestas es un viaje transformador que implica desafiar tus creencias, salir de tu zona de confort y aceptar el cambio. Se trata de darte cuenta de que el poder de moldear tu realidad está dentro de ti y que tienes la capacidad de superar cualquier obstáculo que se interponga en tu camino. Al deshacerte de estas limitaciones, te abres a un mundo de posibilidades y desbloqueas el inmenso potencial que reside dentro de ti.

Cada uno de nosotros posee una reserva de poder sin explotar esperando ser descubierto. Este poder no es externo sino que surge desde dentro, alimentado por nuestras fortalezas, pasiones y deseos. Cuando conoces tus puntos fuertes y los cultivas, cultivas un sentido de propósito y confianza que te impulsa hacia adelante. Desarrollar estas fortalezas requiere dedicación, perseverancia y voluntad de ir más allá de sus límites.

Tomarse el tiempo para reflexionar sobre su viaje le permitirá obtener información valiosa sobre sus motivaciones, objetivos y áreas de crecimiento. Es a través de la introspección que se descubren talentos ocultos, se identifican áreas de mejora y se traza un rumbo para el desarrollo personal. Confiar en lo que sientes dentro de ti mismo es crucial para desarrollar la seguridad y la confianza en ti mismo. Al escuchar tu intuición y honrar tu voz interior, te alineas con tu verdadera esencia y aprovechas tu poder innato.

Si ha anhelado esa nueva casa, ese automóvil o unas vacaciones de lujo, sepa que posee el potencial para materializar esos deseos. El poder de manifestar tus sueños está en tus manos, esperando ser aprovechado mediante una intención enfocada, una planificación estratégica y una acción decisiva. Si cree en sus capacidades y toma medidas proactivas hacia sus objetivos, podrá convertir sus aspiraciones en realidad.

Para emprender este viaje de autodescubrimiento y empoderamiento, es fundamental adoptar un enfoque estratégico. Identifique sus fortalezas, establezca metas claras y formule un plan de acción que se alinee con su visión. Confíe en que tiene lo necesario para superar los desafíos, adaptarse a los cambios y lograr el éxito en sus propios términos. Diferencia entre lo que deberías hacer para avanzar hacia tus objetivos y lo que realmente estás haciendo, afrontando cualquier discrepancia con honestidad y determinación.

Tenga cuidado de caer en las trampas de la complacencia y la procrastinación, ya que pueden obstaculizar su progreso y perpetuar las limitaciones autoimpuestas. Reconozca los obstáculos en su camino, ya sean obstáculos externos o dudas internas, y abórdelos con resiliencia e ingenio. Si se mantiene alerta y proactivo, podrá superar los desafíos, concentrarse en sus objetivos y desbloquear el potencial ilimitado que reside en su interior; encontrar ese lugar al que realmente perteneces versus dónde estás.

Aquí hay algunas sugerencias para comenzar a reconocer las limitaciones autoimpuestas:

• Reflexiona sobre tus creencias: Tómate un tiempo para reflexionar sobre tus creencias sobre ti mismo y tus habilidades. ¿Hay algún pensamiento o creencia recurrente que te haga sentir limitado o te frene? Identificar estas creencias limitantes es el primer paso para reconocer las limitaciones que te has impuesto a ti mismo.

• Preste atención al diálogo interno: escuche la forma en que se habla a sí mismo. ¿Dudas constantemente de tus habilidades o te menosprecias? Preste atención a cualquier diálogo interno negativo y reconozca cómo podría estar contribuyendo a las limitaciones que se ha impuesto.

• Observe patrones en su comportamiento: ¿Existen ciertos patrones en su comportamiento que indiquen limitaciones autoimpuestas? Por ejemplo, evitar nuevas oportunidades o desafíos porque cree que no es capaz. Reconocer estos patrones puede ayudarle a comprender las limitaciones que se ha impuesto.

• Busque comentarios de los demás: a veces, otros pueden reconocer nuestras limitaciones con más claridad que nosotros. Solicite comentarios de amigos, familiares o mentores de confianza sobre cualquier limitación que vean en la forma en que aborda sus metas y aspiraciones.

• Considere las experiencias pasadas: reflexione sobre las experiencias pasadas en las que pudo haberse reprimido o limitado debido al miedo o la duda. Comprender cómo estas limitaciones han impactado tus elecciones y acciones puede ayudarte a reconocer patrones similares en el presente.

• Al seguir estos pasos, puede comenzar a

ser más consciente de las limitaciones que se han impuesto. Esta autoconciencia es un primer paso crucial para liberarse de estas limitaciones y aprovechar todo su potencial.

Capítulo 3
Overcoming Complacency and Procrastination

La complacencia y la procrastinación son dos enemigos formidables que pueden sabotear nuestros esfuerzos por alcanzar nuestro máximo potencial y obstaculizar nuestro camino hacia la grandeza. Son hábitos insidiosos que nos adormecen con una falsa sensación de seguridad y nos impiden dar los pasos necesarios hacia nuestros objetivos. Reconocer cuándo estás posponiendo algo intencionalmente o estancándote en un estado de comodidad es crucial para liberarte de estas limitaciones autoimpuestas y liberar la grandeza que llevas dentro.

La complacencia es la asesina silenciosa del progreso, disfrazada de satisfacción y comodidad. Nos engaña para que nos conformemos con la mediocridad, convenciéndonos de que hemos alcanzado un nivel satisfactorio de logros cuando, en realidad, somos capaces de mucho más. La procrastinación, por otro lado, es ladrona de tiempo y potencial, nos roba oportunidades valiosas y retrasa nuestro éxito por inacción.

Para superar la complacencia y la procrastinación, primero hay que reconocer y enfrentar estos comportamientos destructivos de frente. Requiere un esfuerzo consciente para superar la zona de confort, desafiar el status quo y aceptar la incomodidad como catalizador del crecimiento. Al reconocer los signos de complacencia y procrastinación en su vida, podrá tomar medidas proactivas para combatirlos y recuperar el control sobre sus acciones y decisiones.

Desarrollar un sentido de urgencia y propósito es clave para liberarse de la complacencia y la procrastinación. Al establecer objetivos claros, crear un sentido de responsabilidad y establecer un plan de acción estructurado, puede reavivar su motivación e impulsarse hacia el logro de sus sueños. Cultive el hábito de priorizar tareas, administrar su tiempo de manera efectiva y trabajar constantemente para lograr sus objetivos, incluso cuando enfrente obstáculos o distracciones.

Es fundamental diferenciar entre descanso productivo y pereza, entre pausas estratégicas y procrastinación. Si bien el descanso y la relajación son vitales para mantener un equilibrio saludable en la vida, la procrastinación es un obstáculo que sofoca el progreso y disminuye su potencial. Aprenda a escuchar su voz interior y a discernir cuándo realmente necesita un descanso y cuándo está sucumbiendo a la procrastinación por miedo o incertidumbre.

Si se mantiene alerta y consciente de sí mismo, podrá identificar los factores desencadenantes que conducen a la complacencia y la procrastinación y desarrollar estrategias para superarlos. Cree un entorno de apoyo que fomente la productividad, rodéese de influencias positivas y cultive una mentalidad de crecimiento y mejora continua. Recuerde que la grandeza y el poder dentro de usted merecen una oportunidad de brillar y, al superar las limitaciones autoimpuestas, concentrarse en sus objetivos y tomar medidas decisivas, puede desbloquear su verdadero potencial y alcanzar increíbles alturas de éxito.

Reconocer cuándo estás posponiendo algo intencionalmente o estancándote en un estado de comodidad es crucial para liberarte de estas limitaciones autoimpuestas y liberar la grandeza que llevas dentro. Aquí hay algunas sugerencias para ayudar a superar la complacencia y la procrastinación:

- Reconocer las señales: reconocer y comprender los comportamientos asociados con la complacencia y la procrastinación. La conciencia es el primer paso para superar estos hábitos.

- Establezca metas claras: defina metas específicas y alcanzables que lo inspiren y motiven. Tener una visión clara de lo que quiere lograr puede ayudar a combatir la complacencia y la procrastinación.

- Establezca responsabilidad: cree un sistema de responsabilidad, ya sea compartiendo sus objetivos con un amigo o utilizando herramientas como aplicaciones de establecimiento de objetivos para realizar un seguimiento de su progreso.

- Cree un plan de acción: divida sus objetivos en pasos viables y cree un plan estructurado a seguir. Esto puede proporcionar dirección y propósito, ayudando a superar la procrastinación.

- Abrace la incomodidad: desafíe el status quo y supere su zona de confort. Adoptar el malestar como catalizador del crecimiento puede ayudar a romper el ciclo de complacencia.

- Priorice tareas: desarrolle el hábito de priorizar tareas y administrar su tiempo de manera efectiva. Establecer prioridades puede ayudar a prevenir la procrastinación y mantener la concentración.

- Diferenciar el descanso productivo de la procrastinación: aprender a distinguir entre pausas estratégicas para descansar y relajarse y momentos de procrastinación impulsados por el miedo o la incertidumbre.

- Cultive un entorno de apoyo: rodéese de influencias positivas y cree un entorno que fomente la productividad y el crecimiento personal.

• Manténgase alerta y consciente de sí mismo: preste atención a sus pensamientos y comportamientos e identifique los factores desencadenantes que conducen a la complacencia y la procrastinación.

• Tome medidas decisivas: supere las limitaciones autoimpuestas, manténgase enfocado en sus objetivos y tome medidas decisivas de manera constante para lograrlos.

Al incorporar estos pasos en su vida diaria, puede comenzar a liberarse de la complacencia y la procrastinación y trabajar para liberar todo su potencial.

Capítulo 4

Abrazando Su Lugar de Poder

El verdadero crecimiento consiste en evolucionar, expandirse y aprovechar su propio poder. Implica un profundo viaje de autodescubrimiento en el que comienzas a desentrañar las capas de quién eres realmente, en contraposición a quién siempre has creído que eres.

El proceso de crecimiento no se trata simplemente de edad o experiencia; es mucho más profundo. Exige voluntad de enfrentar nuestros miedos, desafiar nuestras creencias y liberarnos de patrones y comportamientos limitantes. A medida que navegamos hacia nuestro lugar de fortaleza y autenticidad, comenzamos a discernir el marcado contraste entre nuestro yo actual y la persona en la que nos estamos convirtiendo.

Descubrir nuestro poder inherente es una experiencia transformadora. Implica reconocer y aceptar nuestras fortalezas, talentos y valores únicos. Esta conciencia nos impulsa a despojarnos de la vieja piel de inseguridad, duda y conformidad, y a dar un paso audaz hacia nuestro yo auténtico.

Sin embargo, con el crecimiento viene la inevitabilidad de superar a las personas, lugares y situaciones que ya no se alinean con nuestra esencia recién descubierta. Es esencial comprender que, si bien es posible que haya evolucionado y expandido, no todos los que lo rodean compartirán ese crecimiento. Es una expedición en solitario que te lleva a la metamorfosis; Esperar que otros se metamorfoseen a su lado puede generar decepción y frustración.

Aprendí esta lección de la manera más difícil, en detrimento mío. Al aceptar el cambio y el crecimiento personal, no pensé en asumir que quienes me rodeaban habían crecido. Estaba muy equivocado. El dolor y la angustia que soporté cuando una situación me hizo enfrentar la realidad de que no todos evolucionamos al mismo ritmo ni en la misma dirección me dejaron herido y desilusionado.

Fue una llamada de atención, una invitación a reconocer la naturaleza unilateral de mis expectativas y suposiciones. Si bien había transformado mis perspectivas, creencias y acciones, aquellos a quienes apreciaba permanecían estancados. Mi crecimiento había creado inadvertidamente un abismo entre ellos y yo, una brecha que no podía salvarse mediante ilusiones o anticipaciones esperanzadas.

Llegar a su lugar de poder requiere coraje, convicción y un sentido inquebrantable de autoconciencia. Te invita a sentarte en la mesa de la autenticidad, donde tu verdadera esencia es reconocida, honrada y celebrada. Entrar en este reino exige que dejes atrás las sombras de la duda, el miedo y la incertidumbre y abraces la luz radiante de tu yo genuino.

Mientras caminas en este viaje transformador, recuerda discernir a dónde perteneces y, igualmente importante, dónde ya no encajas. Es un viaje de propiedad y aceptación de uno mismo, una peregrinación hacia la recuperación del lugar que le corresponde en el tapiz de la existencia.

Acepta tu crecimiento, honra tu evolución y aprecia el florecimiento de tu yo auténtico. El camino hacia su lugar de poder está pavimentado con autodescubrimiento, resiliencia y una fe inquebrantable en su valor.

A continuación se ofrecen algunas sugerencias que le ayudarán a aceptar su lugar de poder:

- Autorreflexión y conciencia: comience reflexionando sobre sus creencias, valores y comportamientos. Identifique áreas en las que pueda estar frenándose o limitando su potencial. Cultive la autoconciencia para comprender sus fortalezas, debilidades y aspiraciones.

- Enfrente los miedos y desafíe las creencias: Enfrente con valentía sus miedos y desafíe las creencias que ya no le sirven. Sal de tu zona de confort y acepta la incertidumbre. Confía en tu capacidad para superar obstáculos y aprovechar nuevas oportunidades de crecimiento.

- Reconozca sus fortalezas y talentos únicos: Celebre sus fortalezas, talentos y valores únicos. Reconoce las cualidades que te hacen especial y valioso. Abraza tu individualidad y úsala como fuente de empoderamiento en tu vida personal y profesional.

- Deje ir la inseguridad, la duda y la

conformidad: Libérese de la inseguridad, la duda y la presión de conformarse. Abraza tu yo auténtico con confianza y coraje. Confía en tus habilidades y honra tu valía para perseguir tus sueños y ambiciones.

• Comprender las relaciones en evolución: reconocer que el crecimiento puede llevar a superar ciertas relaciones, entornos o situaciones. Esté preparado para afrontar estos cambios con gracia y compasión. Entiende que no todo el mundo puede evolucionar al mismo ritmo o en la misma dirección que tú.

• Practica la autocompasión y el perdón: sé amable contigo mismo en tu viaje hacia el autodescubrimiento y el crecimiento. Practique la autocompasión y el perdón por errores o juicios erróneos del pasado. Permítase espacio para crecer y aprender de las experiencias, tanto positivas como desafiantes.

- Abraza tu yo auténtico: Entra con valentía en tu autenticidad y abraza tu verdadero yo. Libere la carga de las expectativas sociales y las presiones externas que obstaculizan su autoexpresión. Celebre la belleza de ser usted mismo, honrando su singularidad.

- Navegue por el cambio con resiliencia: a medida que evolucione hacia su lugar de poder, sea resiliente frente al cambio y la incertidumbre. Ver los desafíos como oportunidades de crecimiento y aprendizaje. Confíe en su fuerza interior y su adaptabilidad para afrontar las transiciones con gracia.

- Busque apoyo y orientación: rodéese de personas que lo apoyen y lo alienten y lo empoderen en su viaje. Busque orientación de mentores, entrenadores o amigos de confianza que puedan ofrecerle ideas y aliento mientras acepta su lugar de poder.

- Practique el cuidado personal y priorice su bienestar: Priorice el cuidado personal y el bienestar mientras se embarca en su viaje de autodescubrimiento y crecimiento. Cuide su salud física, emocional y mental para mantener su energía y resiliencia. Tómese el tiempo para actividades que lo rejuvenezcan e inspiren a lo largo del camino.

- Celebre su progreso y logros: celebre cada hito y logro a medida que avanza hacia la adopción de su lugar de poder. Reconoce el crecimiento y las transformaciones que estás experimentando, honrando la resiliencia y la determinación que te guían en este viaje de empoderamiento.

Manténgase comprometido con su evolución y crecimiento personal. Abrace el proceso de autodescubrimiento como un viaje continuo más que como un destino. Permanezca abierto a aprender, adaptarse y evolucionar a medida que adquiere su

auténtico poder y reclama el lugar que le
corresponde en el mundo.

41

Capítulo 5
Impacto Positivo Sobre Ti Mismo

Uno de los descubrimientos más profundos que hice sobre mí mismo fue cuando eliminé todas las distracciones, limitaciones e influencias externas que nublaban mi visión de quién soy realmente. Fue en este espacio de claridad que finalmente comencé a reconocer mis propios superpoderes. Mientras escribo esto, sé que todavía tengo que alcanzar mi máximo potencial, pero estoy seguro de que estoy en el camino hacia la grandeza. ¿Por qué? Porque hice un esfuerzo consciente para descubrir y abrazar el extraordinario poder que reside dentro de mí y para comprender cuál es la mejor manera de aprovecharlo para mi beneficio y el de los demás.

Uno de los aspectos notables de mi viaje de autodescubrimiento es mi capacidad innata para reconocer la grandeza en los demás. No sólo puedo percibir el extraordinario potencial de los demás, sino que lo que realmente me distingue es mi capacidad para extraer su poder latente, cambiar su perspectiva con claridad, guiarlos en la transformación de sus fortalezas en activos valiosos y ofrecerles múltiples vías para lograrlo. compartir sus dones con el mundo. Imagínese a alguien que ha estado siguiendo una determinada trayectoria de vida durante 30 años, sintiéndose estancado y frustrado, anhelando un cambio pero sin saber por dónde empezar. Tengo esta extraña habilidad para identificar las habilidades únicas y la grandeza sin explotar de estas personas y, en algunos casos, les he ayudado a establecer negocios completos basados en sus fortalezas pasadas por alto.

Es un fenómeno común que las personas sean ciegas ante sus propias capacidades y potencial, por lo que contar con el sistema de apoyo y las asociaciones adecuadas es crucial. A veces somos los últimos en reconocer nuestra propia brillantez; sin embargo, con la guía de aquellos que están en sintonía con sus propias fortalezas, algunos de nosotros podemos identificar rápidamente las habilidades que poseemos. La verdad es que es imperativo alinearnos rápidamente con nuestro yo auténtico, reconociendo nuestro poder y capacidades para maximizarlos por completo para nuestro propio crecimiento, empoderar a otros y contribuir a un mundo mejor. Sí, me considero con orgullo una de esas personas comprometidas con la creación de un mundo mejor para todos.

En esencia, reconocer y aceptar nuestros dones y talentos innatos es un paso esencial hacia la realización personal y una contribución significativa al mundo que nos rodea. Mi viaje me ha enseñado que al aprovechar nuestras fortalezas únicas, no solo desarrollamos nuestro propio potencial sino que también nos convertimos en catalizadores de cambios positivos y transformaciones en las vidas de los demás. Esta comprensión llena mi corazón de entusiasmo y propósito, impulsándome hacia adelante en mi misión de inspirar y elevar a quienes me rodean.

Recuerde, no se trata sólo de descubrir nuestras fortalezas individuales; se trata de utilizarlos para crear un efecto dominó de empoderamiento y positividad, y en última instancia, dar forma a un mundo donde se alienta a todos a brillar a su manera única. Entonces, mientras continúo en mi camino, los invito a unirse a mí para reconocer y celebrar el extraordinario poder que reside dentro de cada uno de nosotros, y embarquémonos juntos en este viaje de autodescubrimiento y empoderamiento. Después de todo, un mundo donde todos reconocen y maximizan su potencial es un mundo repleto de oportunidades ilimitadas de crecimiento y prosperidad.

Sugerencias prácticas para tener un impacto positivo tanto en usted como en quienes lo rodean:

- Elimine las distracciones: comience ordenando su espacio físico y mental. Cree un ambiente pacífico que le permita concentrarse en la autorreflexión y la introspección.

- Identifique sus superpoderes: tómese el tiempo para reflexionar sobre sus fortalezas, pasiones y talentos. Considere qué actividades le brindan alegría y satisfacción, ya que a menudo indican sus habilidades únicas.

- Cambie de perspectiva: desafíe cualquier creencia o duda autolimitadora que pueda impedirle reconocer su propia grandeza. Practique afirmaciones positivas y gratitud para cultivar una mentalidad de crecimiento.

- Establezca metas claras: defina objetivos específicos que se alineen con sus fortalezas y aspiraciones. Divida estos objetivos en pasos prácticos para acercarse a la realización de su máximo potencial.

- Adopte los sistemas de apoyo: rodéese de personas que lo alienten e inspiren. Busque grupos donde pueda compartir su viaje de autodescubrimiento y recibir aliento a lo largo del camino.

- Empoderar a los demás: presta atención a las personas que te rodean y ayúdalas a reconocer sus propias fortalezas y potencial. Ofrezca orientación, apoyo y aliento a aquellos que puedan tener dificultades para ver su propia brillantez.

- Contribuya a un mundo mejor: encuentre formas de utilizar sus talentos y habilidades únicos para generar un impacto positivo en su comunidad o más allá. Considere ofrecerse como voluntario, ser mentor o iniciar un proyecto que se alinee con sus valores y fortalezas.

• Celebre el crecimiento: reconozca su progreso y éxitos a lo largo del camino. Celebre tanto los grandes hitos como las pequeñas victorias mientras continúa desbloqueando su extraordinario poder e inspirando a otros a hacer lo mismo.

• Únase al viaje: adopte el autodescubrimiento y el empoderamiento continuos. Manténgase abierto a nuevas experiencias, desafíos y oportunidades que amplíen aún más su comprensión de sus capacidades y de cómo puede contribuir a un mundo lleno de infinitas posibilidades.

Si sigue estos pasos prácticos y acepta su extraordinario poder, podrá embarcarse en un viaje transformador de autodescubrimiento, empoderamiento e impacto positivo tanto en usted como en quienes lo rodean.

Capítulo 6

Cómo Revelar Tu Yo Extraordinario

Haga un esfuerzo consciente para reconocer y abrazar el extraordinario poder que reside dentro de usted. Esta autoconciencia no sólo te beneficia, sino que también te prepara para influir positivamente en quienes te rodean, creando un efecto dominó de positividad y empoderamiento.

Un aspecto crucial de este viaje es su capacidad para identificar la grandeza en los demás. Mire más allá de las cualidades superficiales para percibir la grandeza sin explotar dentro de las personas. Cultive la habilidad de extraer y perfeccionar sus talentos ocultos, guiándolos para aprovechar sus fortalezas y ayudándolos a mostrar sus dones únicos al mundo. Al animar a los demás, amplificas el impacto de tu propio viaje. Es común obstaculizar nuestro propio potencial al pasar por alto nuestras capacidades. Rodéate de una comunidad que te apoye y de mentores que puedan ayudarte a identificar rápidamente tus talentos latentes. Alinearse con su yo auténtico y reconocer su poder son pasos fundamentales para maximizar el crecimiento personal, empoderar a los demás y hacer una contribución positiva al mundo.

Aceptar tus dones innatos es más que una realización personal; es un catalizador para el cambio y la transformación positivos. Al aprovechar sus fortalezas únicas, se convierte en una fuente de aliento e inspiración para quienes lo rodean. Reconozca que sus poderes individuales tienen el potencial de crear un efecto dominó de empoderamiento y positividad en el mundo.

A medida que continúas en tu viaje, extiende una invitación a otros para que se unan a ti para celebrar el extraordinario poder que hay dentro de ellos. Juntos, embárquense en un viaje de autodescubrimiento y empoderamiento. Un mundo donde todos se dan cuenta y maximizan su potencial es un mundo repleto de infinitas posibilidades de crecimiento y prosperidad. Recuerde, la clave está en revelar su yo extraordinario y emprender el viaje hacia el empoderamiento y la autorrealización.

Aquí hay pasos prácticos para revelar su yo extraordinario y emprender un viaje hacia el empoderamiento y la autorrealización:

• Autoconciencia: tómate un tiempo para la autorreflexión y reconoce el extraordinario poder que hay dentro de ti. Reconozca sus fortalezas, talentos y capacidades únicas. Comprenda que la autoconciencia no sólo lo beneficia, sino que también lo capacita para influir positivamente en quienes lo rodean.

- Reconocer la grandeza en los demás: cultivar la capacidad de mirar más allá de las cualidades superficiales y percibir el potencial no aprovechado dentro de los demás. Anime a otros a reconocer y aprovechar sus talentos latentes guiándolos a aprovechar sus fortalezas y mostrar sus dones únicos al mundo.

- Construya una comunidad de apoyo: rodéese de una comunidad de apoyo y de mentores que puedan ayudarle a identificar y maximizar sus talentos latentes. Busque orientación, tutoría y colaboración para acelerar el crecimiento personal y empoderar a otros.

- Alinearse con el yo auténtico: abrace su yo auténtico y reconozca sus dones innatos como pasos fundamentales para maximizar el crecimiento personal y hacer una contribución positiva al mundo.

- Empodere a los demás: al aprovechar sus fortalezas únicas y aceptar sus dones innatos, conviértase en una fuente de aliento e inspiración para quienes lo rodean. Anima a los demás compartiendo tus conocimientos, experiencias y apoyo.

- Cree un efecto dominó: reconozca que sus poderes individuales tienen el potencial de crear un efecto dominó de empoderamiento y positividad en el mundo. Aceptar tus talentos innatos es más que una realización personal; contribuye al cambio positivo y la transformación a una escala más amplia.

- Celebre el potencial individual: anime a otros a realizar y maximizar su potencial. Crear un entorno de apoyo donde se celebren y aprovechen las fortalezas y capacidades únicas de todos para el crecimiento y la prosperidad colectivos.

Si sigue estas sugerencias prácticas, podrá revelar su yo extraordinario, empoderar a otros y contribuir a un mundo donde se reconozca y celebre el verdadero potencial de cada individuo.

Capítulo 7
Rompiendo Bloqueadores

Durante mucho tiempo, permití que mi entorno inmediato y los pensamientos de los demás nublaran mi juicio. Me encontré reprimido e influenciado por las expectativas de los demás. Las barreras que me había impuesto parecían insuperables y el poder dentro de mí se sentía distante e inalcanzable.

Reconocer y abordar estos obstáculos fue un proceso necesario. Me tomó tiempo, paciencia y autorreflexión comprender el impacto que tuvieron en mi vida. Comencé a identificar los patrones de pensamiento que me frenaban e hice un esfuerzo consciente para enfrentarlos de frente. No fue fácil, pero con cada pequeño paso, sentí un renovado sentido de mí mismo, poder, concentración, fuerza y determinación creciendo dentro de mí.

Pensar que no podía lograrlo o completar mi objetivo fue otro obstáculo importante que necesitaba reconocer. Me di cuenta de que al dejar de lado estos sentimientos, podía liberarme del control paralizante que ejercía sobre mí. Cambié mi perspectiva para ver lo inacabado como una oportunidad de crecimiento en lugar de una señal de incapacidad. Este cambio de mentalidad me dio el coraje para perseguir mis objetivos sin quedarme corto.

Las influencias externas también influyeron en la configuración de mis limitaciones. Sin saberlo, había permitido que las opiniones y expectativas de los demás dictaran mis elecciones y acciones, sofocando mi autenticidad y mi potencial. Asumir la responsabilidad de mis decisiones y centrarme en lo que realmente me importaba me permitió liberarme de las limitaciones impuestas por las presiones externas.

Al enfrentarme a estos bloqueadores, comencé a sentir una nueva sensación de empoderamiento y liberación. Las barreras que alguna vez parecieron impenetrables comenzaron a desmoronarse, revelando el poder que siempre había existido dentro de mí. Con cada obstáculo superado, gané confianza e impulso, impulsándome hacia la realización de mis sueños y aspiraciones.

La confianza se convirtió en mi luz guía a lo largo de este viaje. Confianza en mí mismo, en mis capacidades y en la resiliencia que siempre había estado presente dentro de mí. Fue a través de esta confianza inquebrantable que encontré el coraje para actuar. Acepté los desafíos que tenía por delante, sabiendo que poseía la fuerza y la determinación para superarlos.

Romper estos obstáculos no fue un esfuerzo solitario. Requirió apoyo, aliento y fe en el potencial que residía dentro de mí. A medida que eliminé las limitaciones autoimpuestas, descubrí una reserva de poder sin explotar esperando ser liberado. Observé con asombro cómo mi potencial se desarrollaba ante mí, revelando un futuro lleno de posibilidades y promesas.

El camino para superar los obstáculos fue arduo, pero las recompensas fueron inconmensurables. Al estar del otro lado, puedo dar fe del poder transformador de enfrentar y superar estas barreras. Confía en ti mismo, actúa y sé testigo del notable alcance de tu poder desplegado ante ti. Abrace la libertad que conlleva deshacerse de las limitaciones autoimpuestas y adéntrese en el potencial ilimitado que le espera al otro lado.

Sugerencias prácticas para superar los bloqueadores:

• Identifique las creencias limitantes:

comience reconociendo los pensamientos y patrones negativos que lo están frenando. Sea honesto consigo mismo acerca de los miedos y dudas que han influido en sus decisiones y acciones.

- Practique la autorreflexión: reserve un tiempo regular para la introspección y el autodescubrimiento. Llevar un diario o realizar prácticas meditativas pueden ayudarle a profundizar en las causas fundamentales de sus bloqueadores y obtener claridad sobre cómo han impactado su vida.

- Enfrente los patrones negativos: tome medidas proactivas para confrontar y desafiar los patrones de pensamiento negativos que han limitado su potencial. Reemplace las creencias autolimitantes con afirmaciones y ejercicios de mentalidad positiva.

- Reclamar propiedad: evalúe la influencia de las presiones y expectativas externas en su toma de decisiones. Concéntrese en recuperar la propiedad de sus elecciones, valores y aspiraciones, y resista las limitaciones impuestas por las influencias externas.

• Cultiva la confianza: genera confianza en ti mismo y en tus habilidades. Reflexiona sobre los logros y fortalezas del pasado, reforzando la confianza en tu capacidad para superar obstáculos y alcanzar tus aspiraciones.

• Busque apoyo: rodéese de una red de apoyo de amigos, mentores o profesionales que puedan brindarle aliento y orientación mientras logra superar sus bloqueadores.

• Tome acción: comience con pasos pequeños y manejables para superar sus bloqueadores. Cada éxito incremental generará impulso y reforzará su creencia en su capacidad para superar los desafíos.

• Celebre el progreso: reconozca y celebre

cada hito a medida que supera sus bloqueadores. Reconoce la fortaleza y resiliencia que demuestras con cada obstáculo superado.

• Abrace el empoderamiento: mientras presencia la disolución de sus limitaciones autoimpuestas, permítase abrazar la libertad y el empoderamiento que conlleva deshacerse de estas barreras. Entre en su renovado sentido de potencial y aproveche las oportunidades ilimitadas que le esperan.

Si sigue estos pasos prácticos y se compromete a enfrentar y superar sus bloqueadores, podrá embarcarse en un viaje transformador para desbloquear su verdadero potencial y experimentar las inconmensurables recompensas que acompañan a este proceso.

Capítulo 8

Tu Poder Está En Tu Propósito

Tu poder está en tu propósito. Sea lo que sea lo que se supone que debes hacer en el mundo, ahí reside tu poder. La clave es ir al grano y resolverlo lo más rápido posible. La respuesta a esto es mirar dentro de ti y comprender qué es lo que te gusta hacer, aquello que te hace sentir libre y liberado, que te trae alegría y, aunque estás obteniendo ingresos, no lo sientes como un trabajo. Es emocionante y te hace sentir vivo, lleno de energía y emocionado.

Cuando comienzas a sentir una punzada de estas emociones, esa es la dirección que debes seguir y probar para ver si es así. En general, al menos lo que descubrí por mí mismo es que cuando miro hacia atrás en mis años de adolescente, puedo ver algo que siempre estuvo ahí, pero que nunca se desarrolló porque mis padres o las situaciones moldearon mi vida de manera diferente. Afortunadamente, para mí, nunca permitieron que lo más profundo de mí fuera enterrado; Continuó alcanzando su punto máximo como una planta verde que brota sobre el concreto, y simplemente no podemos entender cómo. Eso es hasta que vemos la grieta que le dio un pequeño respiro para estallar.

Bueno, ese soy yo y ese sigues siendo tú. Mi esperanza es que este libro sea una puerta de entrada a tu poder, que está entrelazado con tu propósito. Tómate el tiempo para reflexionar sobre lo que te gusta hacer como persona, como individuo. Por supuesto, eso es sólo la superficie porque hay cosas sobre ti que estás en camino de descubrir. Somos seres complejos, únicos y poderosos, llenos de inmenso genio y grandeza a nuestra manera.

Entonces, continúa tomándote el tiempo para explorar y descubrir tu propósito. Tu poder está dentro de él, esperando ser desatado. Una vez que aprovechas eso, no hay límite para lo que puedes lograr. Encontrarás el impulso, la pasión y la determinación para perseguir tu propósito con todo lo que tienes. Y ahí, amigo mío, es donde reside el verdadero poder. Se trata de vivir una vida que esté alineada con tu propósito, donde cada acción que realices esté impulsada por tu pasión y tu impulso para marcar una diferencia en el mundo. Así que no subestimes el poder de tu propósito. Es la clave para desbloquear tu verdadero potencial y vivir una vida verdaderamente satisfactoria. Abrázalo, cuídalo y deja que te guíe hacia la grandeza. Tu poder está en tu propósito.

Profundizar en su individualidad y descubrir cualidades y fortalezas únicas es un viaje profundamente personal e introspectivo. A continuación se ofrecen algunas sugerencias para que explore la individualidad:

- Identifique pasiones e intereses: haga una lista de las cosas que realmente lo entusiasman e inspiran. Considere pasatiempos, actividades o temas que le atraigan, incluso si no parecen tener relación con su trabajo actual o su vida diaria.

- Abrace la curiosidad: esté abierto a nuevas experiencias y oportunidades. Participa en actividades que despierten tu curiosidad y te desafíen a salir de tu zona de confort. Esto puede ayudarle a descubrir talentos e intereses ocultos.

- Conéctese con mentores: busque mentores o modelos a seguir que puedan ofrecerle orientación y apoyo mientras explora su individualidad y potencial. Su sabiduría y experiencias pueden proporcionar perspectivas valiosas.

- Experimente y aprenda: asuma nuevos desafíos, busque oportunidades de aprendizaje y experimente con diferentes actividades. Esto puede ayudarle a descubrir talentos y fortalezas que quizás no sabía que poseía.

• Acepta la autenticidad: sé fiel a ti mismo y acepta tu singularidad. Evite compararse con los demás y concéntrese en desarrollar sus propias fortalezas y cualidades. La autenticidad es clave para desbloquear tu potencial.

• Participe en nuevas experiencias: abrace la curiosidad y la mentalidad abierta buscando nuevas experiencias y desafíos. Ya sea aprendiendo una nueva habilidad o explorando un nuevo pasatiempo, estas experiencias pueden ayudarlo a descubrir talentos e intereses ocultos.

• Acepta tu propósito: una vez que hayas descubierto tu propósito, abrázalo de todo corazón. Permítele guiar tus decisiones y acciones, y deja que alimente tu pasión y determinación para generar un impacto positivo en el mundo.

- Tome acción: armado con un claro sentido de propósito, tome medidas proactivas para alinear su vida con su nueva claridad. Acepta tu propósito, nútralo y deja que te guíe hacia una vida llena de plenitud y grandeza.

Si sigue estas sugerencias, podrá embarcarse en un viaje de autodescubrimiento, descubrir su propósito y liberar el poder que proviene de vivir una vida alineada con sus verdaderas pasiones y aspiraciones.

Capítulo 9

No Te Subestimes

Es fácil subestimar tus habilidades, especialmente cuando te enfrentas a nuevos desafíos u oportunidades. Pero la verdad es que tienes más potencial dentro de ti del que crees. Cuando tengas la oportunidad, tu talento, creatividad y verdadero poder brillarán, dejando asombrados a quienes te rodean.

Ya sea que sea un emprendedor, esté buscando una nueva oportunidad profesional o esté pasando al siguiente nivel de su vida personal o profesional, es importante reconocer su verdadero valor. Tómese el tiempo para hacer su tarea y comprender el valor de mercado de sus talentos únicos. No confíes sólo en lo que te viene a la mente o en lo que crees que deberías valer. Su verdadero valor puede sorprenderle.

Subvalorarse a uno mismo puede tener impactos significativos en el crecimiento tanto personal como profesional. Cuando uno subestima su valor y sus capacidades, sin darse cuenta puede obstaculizar su propio progreso y éxito potencial.

En un contexto profesional, infravalorarse a uno mismo puede llevar a perder oportunidades de avance profesional. Puede resultar en aceptar una compensación inferior a la que uno realmente merece, lo que puede tener implicaciones financieras a largo plazo. Además, puede llevar a que lo pasen por alto en promociones o proyectos importantes, ya que es posible que otros no reconozcan el alcance total de sus capacidades.

A nivel personal, infravalorarse a uno mismo puede afectar la confianza y la autoestima. Esto puede manifestarse en varios aspectos de la vida, incluidas las relaciones, la toma de decisiones y el bienestar general. También puede provocar una falta de asertividad y dificultad para establecer límites, lo que puede afectar las relaciones personales y profesionales.

Además, subestimarse a uno mismo puede limitar la voluntad de asumir riesgos y perseguir nuevos desafíos. Esto puede sofocar el crecimiento personal e impedir que las personas alcancen su máximo potencial. También puede crear un ciclo de dudas, ya que uno puede seguir subestimando sus capacidades, lo que lleva a una falta de motivación e iniciativa.

En general, subestimarse a uno mismo puede crear barreras al crecimiento personal y profesional, afectando tanto las oportunidades como la realización general. Reconocer y reconocer su valor y capacidades es crucial para fomentar el crecimiento, la confianza y el éxito en todos los aspectos de la vida.

Cuando alineas tu trabajo con tus dones y habilidades naturales, es posible que te hayas subestimado. Darse cuenta también puede significar que ha subestimado sus habilidades y contribuciones. Es crucial reconocer el valor que aporta y transmitirlo a los demás.

Por lo tanto, no se quede corto. Acepta tus talentos, creatividad y poder. Cuando comienzas y completas tu trabajo con confianza y pasión, te darás cuenta de que eres capaz de hacer mucho más de lo que jamás imaginaste. Al reconocer y aprovechar su verdadero potencial, podrá prepararse para el éxito y la satisfacción en todos los aspectos de su vida. No te subestimes; eres capaz de lograr grandes cosas.

Superar el hábito de infravalorarse a uno mismo es fundamental para el crecimiento personal y el éxito profesional. Aquí hay algunas sugerencias para abordar esto:

- Autorreflexión: tómate el tiempo para reflexionar sobre tus fortalezas, logros y el valor que aportas a tu trabajo. Reconozca sus habilidades y contribuciones, y comprenda el impacto que tiene en su equipo y organización.

- Establezca metas claras: establezca metas y objetivos profesionales claros para usted. Tener una idea clara de lo que quieres lograr puede ayudarte a concentrarte en tus fortalezas y el valor que aportas a tu trabajo.

- Desarrolle la asertividad: practique la asertividad comunicando sus ideas, necesidades y logros con confianza. Esto puede incluir hablar en reuniones, negociar una compensación justa y defender oportunidades que se alineen con sus habilidades e intereses.

- Actualice sus habilidades: invierta continuamente en su desarrollo profesional adquiriendo nuevas habilidades y conocimientos. Esto puede aumentar su confianza y demostrar su compromiso con el crecimiento y la excelencia en su campo.

- Establezca contactos y establezca relaciones: interactúe con redes y establezca relaciones positivas. La creación de redes puede brindar oportunidades para compartir su experiencia, obtener reconocimiento y ampliar su sistema de apoyo profesional.

- Practique la autodefensa: asuma un papel activo en la defensa de sí mismo en entornos profesionales. Esto puede implicar participar en evaluaciones de desempeño, discutir oportunidades de avance profesional y negociar una compensación justa.

- Adopte una mentalidad de crecimiento: cultive una mentalidad de crecimiento, viendo los desafíos como oportunidades para el aprendizaje y el desarrollo. Adoptar una mentalidad centrada en el crecimiento y la resiliencia puede ayudarle a superar las dudas y la infravaloración.

- Visualice el éxito: las técnicas de visualización implican imaginarse logrando sus objetivos y superando desafíos. Esto puede ayudar a generar confianza y crear una mentalidad positiva que respalde sus esfuerzos.

Al seguir estos pasos, puede trabajar para superar el hábito de infravalorarse a sí mismo, lo que generará una mayor confianza, reconocimiento y avance profesional.

Capítulo 10
Seguir el Camino

Cuando me aventuré por primera vez en el mundo del emprendimiento, me lancé a la acción con entusiasmo, confiando en mis conocimientos y recursos existentes. Si bien algunos de esos primeros enfoques siguen siendo valiosos, la forma en que navego ahora por el panorama empresarial contrasta marcadamente con mi método anterior. Descubrí que la pasión desenfrenada a veces puede obstaculizar el progreso y oscurecer la verdadera grandeza. Llegó un punto en el que mi implacable ética de trabajo y mi enfoque apasionado comenzaron a funcionar en mi contra, llevándome a una sensación de frustración y desilusión.

El momento decisivo llegó cuando reconocí que no era así como mi vida debía desarrollarse. Sabía, en el fondo, que mis talentos y mi valor deberían generar mayores recompensas financieras y tener un impacto de largo alcance, al mismo tiempo que me dejarían con una profunda sensación de plenitud y felicidad. Al darme cuenta de que esto no se estaba materializando, comprendí que necesitaba trazar un nuevo rumbo para mí.

Yo había contribuido a desviarme y tenía la responsabilidad de reorientar mi trayectoria. Requirió deshacerme de las influencias y relaciones que me habían desviado y que habían trabajado duro para salvarme del lugar insatisfactorio en el que me encontraba. Recuerdo vívidamente estar en mi cocina en la oscuridad de la noche, con lágrimas corriendo silenciosamente por mi rostro mientras luchaba con la abrumadora sensación de descontento. Este momento marcó el comienzo de mi viaje de regreso a donde sabía que pertenecía, lejos del hoyo autoimpuesto que había cavado.

Con intención estratégica y determinación inquebrantable, me propuse salir de ese pozo autoimpuesto. Si alguna vez te encuentras en una situación similar, comprende que nunca es demasiado tarde para reclamar tu mano ganadora. Se requiere un esfuerzo concertado, tanto interno como externo, para allanar el camino a seguir, pero soy la prueba viviente de que usted posee la capacidad de realinearse hacia el camino deseado.

Al reflexionar sobre ese período decisivo de mi vida, me sorprende la riqueza de lecciones invaluables que obtuve, particularmente al discernir qué resuena con mi verdadero yo y qué no. Esas experiencias me dotaron de la perspicacia y la resiliencia necesarias para jugar mi mano ganadora y cosechar las recompensas que conlleva. Tú también tienes una mano ganadora dentro de ti; la tarea crucial consiste en descubrirlo.

Creo firmemente que la vida presenta una gran cantidad de manos ganadoras, cada una de las cuales alberga el potencial de materializar los sueños que tenemos. Sin embargo, muchos no invierten el tiempo necesario para nutrir sus fortalezas, recalibrar su forma de pensar, administrar su tiempo de manera efectiva o prestar atención a los suaves empujones que emanan de su ser interior, incluso cuando no les resultan familiares. Liberarse de los límites de la familiaridad es fundamental para allanar el camino hacia la realización de nuestros sueños. Todos albergamos aspiraciones y, si podemos concebirlas, es probable que estén a nuestro alcance, esperando a ser desbloqueadas desde dentro.

Independientemente de nuestros orígenes o circunstancias pasadas, como seres humanos, poseemos la capacidad innata de ascender a nuestro máximo potencial, si se nos da la oportunidad. Cada individuo está inherentemente preparado para el éxito y es imperativo que nos brindemos la oportunidad de hacerlo realidad.

Aquí hay algunas sugerencias sobre cómo realinear y retomar el rumbo:

• Autorreflexión y responsabilidad: tómate un momento para reflexionar sobre tu situación actual y reconocer los factores que te han desviado del camino. Acepte la responsabilidad de sus circunstancias y comprenda que el cambio comienza con la autoconciencia.

• Identifique las influencias limitantes: evalúe las personas, los hábitos y las creencias que pueden estar obstaculizando su progreso. Es fundamental distanciarse de las influencias negativas y rodearse de quienes apoyan su crecimiento y desarrollo.

• Adopte la intención y la determinación estratégicas: establezca metas claras y comprométase a perseguirlas con determinación inquebrantable. Desarrolle un plan estratégico que describa los pasos necesarios para recuperar su camino y lograr los resultados deseados.

• Cultivar la resiliencia y el conocimiento: aprovechar las lecciones aprendidas de experiencias pasadas para cultivar la resiliencia y el conocimiento. Utilice estos conocimientos para afrontar los desafíos y tomar decisiones informadas que se alineen con su verdadero yo.

• Descubra su mano ganadora: reconozca que posee un conjunto único de fortalezas y capacidades que pueden conducirlo al éxito y la realización. Invierta tiempo en fomentar estas fortalezas, recalibrar su forma de pensar y administrar su tiempo de manera efectiva para liberar todo su potencial.

• Escuche a su ser interior: preste atención a su intuición y a sus impulsos internos, incluso cuando no le resulten familiares. Liberarse de los límites de la familiaridad es esencial para desbloquear tus verdaderas aspiraciones y hacer realidad tus sueños.

• Permítase la oportunidad de alcanzar el éxito: independientemente de sus antecedentes o circunstancias pasadas, comprenda que tiene la capacidad innata de alcanzar el éxito. Concédete la oportunidad de desarrollar tu potencial y aprovechar las oportunidades que se avecinan.

Si sigue estas sugerencias, podrá iniciar el proceso de realinear su viaje y encontrar la satisfacción. Recuerda que tienes el poder de reclamar tu camino y allanar el camino hacia la realización de tus sueños. La clave está en la autorreflexión, la determinación y aprovechar tus fortalezas innatas para lograr el éxito y la felicidad.

Capítulo 11

Yo Sé Quién Soy

Cuando llegas a ese momento crucial en el que puedes declarar con confianza: "Sé quién soy", se vuelve primordial aferrarse a ese sentido de uno mismo con fuerza inquebrantable. No permitas que fuerzas externas nublen tu percepción o te convenzan de restar importancia a los aspectos extraordinarios que has descubierto dentro de ti.

Después de obtener una comprensión sólida de su identidad y sus fortalezas, es crucial aceptar su autenticidad y mantenerse firme en sus creencias. Reconoce tu valor inherente y tu singularidad, entendiendo que eres una joya rara, irremplazable en tu totalidad. El mundo anticipa la plena expresión de las cualidades excepcionales que lo distinguen.

Otorga al mundo el regalo de tu presencia, irradiando como la magnífica joya que eres. Abraza tu individualidad y permite que tu luz interior ilumine tu camino a seguir. Al honrar y atesorar las profundidades de tu ser, no sólo te fortaleces a ti mismo, sino que también sirves como fuente de inspiración para quienes te rodean, animándolos a abrazar su propio carácter distintivo con confianza y gracia.

Abrazar y celebrar plenamente todas las facetas de tu ser no es sólo un regalo para ti mismo sino un regalo para el mundo. Aférrate a tu poder, valora tus atributos únicos y entra al mundo con una certeza inquebrantable, mostrando el brillo de la extraordinaria joya que eres. Tu autenticidad sirve como un faro radiante que tiene el poder de iluminar el mundo de maneras verdaderamente transformadoras e inspiradoras.

Mantener un fuerte sentido de autoestima y poder personal frente a influencias externas puede ser un desafío, pero es esencial para el crecimiento y el bienestar personal.

Aquí hay algunas estrategias para ayudar a mantener un sentido de autoestima y poder:

- Autoconocimiento: el primer paso es saber quién eres. Tómese el tiempo para comprender sus valores, fortalezas y debilidades. La autoconciencia le permite tener una comprensión clara de su valor y el poder que posee como individuo.

- Establezca límites: establecer límites saludables es crucial para proteger su sentido de autoestima. Aprenda a decir no a las cosas que no se alinean con sus valores o que lo hacen sentir incómodo. Establecer límites demuestra que te valoras a ti mismo y a tu bienestar.

- Rodéate de personas que te apoyen: busca relaciones y amistades con personas que te animen y te apoyen. Rodearte de influencias positivas puede ayudarte a reforzar tu sentido de autoestima y poder.

- Practica la autocompasión: sé amable contigo mismo y practica la autocompasión. Trátate a ti mismo con la misma amabilidad y comprensión que le ofrecerías a un amigo. La autocompasión puede ayudarte a mantener una imagen positiva de ti mismo y una fortaleza interior.

- Busque oportunidades de crecimiento: participe en actividades que promuevan el crecimiento y desarrollo personal. Buscar nuevas habilidades y experiencias puede aumentar su confianza y reforzar su sentido de poder personal.

- Busque ayuda profesional si es necesario: si las influencias externas están afectando significativamente su autoestima y su poder, considere buscar el apoyo de un terapeuta o consejero. La ayuda profesional puede proporcionarle herramientas y estrategias valiosas para fortalecer su sentido de autoestima.

Al practicar la autoconciencia, establecer límites, rodearse de personas que lo apoyen, practicar la autocompasión, desafiar los pensamientos negativos, buscar oportunidades de crecimiento y buscar ayuda profesional si es necesario, puede mantener su sentido de autoestima y poder frente a las dificultades. Influencias externas. Recuerde, usted es capaz, valioso y merece respeto y autoestima.

Capítulo 12

*Proteger Su Poder: Navegar Las Influencias
Externas Con Confianza y Claridad*

En un mundo lleno de opiniones diversas, experiencias personales y figuras influyentes, puede ser un desafío conservar el sentido de autoestima y poder frente a las presiones externas. Es crucial valorar y salvaguardar su identidad y todos los maravillosos atributos que ha descubierto sobre usted mismo a lo largo de su viaje.

Proteger tu poder no significa aislarte de los demás, aunque hay casos en los que mantener una distancia segura es necesario. Ser exigente con la compañía que mantienes es esencial: no todos merecen acceder a la esencia de tu ser. Si bien es posible que nuevos conocidos acudan a usted, es importante considerar el impacto que pueden tener en sus recursos personales y su bienestar antes de formar vínculos estrechos.

Cuando se enfrenta a consejos o sugerencias no solicitados sobre cómo recorrer su camino, es imperativo no permitir que la irritación nuble su juicio. Recuerde, algunas personas creen genuinamente que están ofreciendo la mejor orientación, incluso si no se alinea con sus necesidades o aspiraciones. Aprenda a proteger sus oídos de las palabras que no le sirven, permitiéndoles deslizarse sin afectar la esencia de quién es usted. Si el consejo no coincide con su verdad, siga adelante con gracia, manteniendo un escudo de confianza alrededor de su nuevo yo.

Al reconocer la importancia de absorber selectivamente influencias externas y mantenerse fiel a su yo auténtico, podrá navegar con confianza a través del mar de opiniones y experiencias, emergiendo más fuerte y más empoderado en su propia esencia única.

A continuación se ofrecen algunas sugerencias que le ayudarán a proteger su identidad y su fortaleza interior frente a presiones externas:

• Valora tu identidad: Tómate el tiempo para reconocer y apreciar todas las maravillosas cualidades y descubrimientos sobre ti mismo que te hacen único. Reconozca que su identidad es preciosa y debe salvaguardarse contra influencias que puedan intentar disminuirla.

• Sea selectivo en sus conexiones: comprenda que no todas las personas que conoce deben tener acceso a la esencia de quién es usted. Ejerza discernimiento al elegir la compañía que mantendrá, considerando cómo su presencia puede afectar su bienestar y recursos personales.

• Maneje sabiamente los consejos no solicitados: cuando se enfrente a consejos o sugerencias que no resuenan con su verdad, evite permitir que la irritación nuble su juicio. Recuerde que algunas personas pueden creer genuinamente que lo están ayudando, incluso si su orientación no se alinea con sus necesidades u objetivos.

- Proteja sus oídos: aprenda a filtrar palabras y opiniones que no contribuyen a su crecimiento ni contribuyen positivamente a su viaje. Permita que los consejos irrelevantes se deslicen sin afectar sus creencias fundamentales o su sentido de identidad.

- Mantente fiel a ti mismo: abraza tu yo auténtico y confía en tu propia intuición y sabiduría. Mantenga un escudo de confianza alrededor de su nuevo yo, asegurándose de que las influencias externas no lo desvíen de su camino.

Al implementar estas sugerencias y reconocer la importancia de proteger su poder, podrá navegar con confianza a través de la infinidad de influencias externas,

emergiendo más fuerte y más empoderado
en su propia esencia única.

Capítulo 13

Prosperar en el Viaje: Vivir Una Vida con Propósito y Satisfacción

Cada uno de nosotros es un hilo único tejido con cuidado y propósito. Mientras viajas a través de los reinos del autodescubrimiento, aceptando tus talentos, habilidades y la pura esencia de quién eres, recuerda florecer en cada paso adelante. No es la mera existencia, sino vivir vibrantemente lo que transforma lo ordinario en extraordinario.

Deje que su nueva comprensión de sí mismo sea el faro que lo guíe hacia una vida con propósito y satisfacción. Abrace el viaje con los brazos abiertos, porque dentro de este camino hay una gran cantidad de oportunidades esperando ser aprovechadas. Deléitate con la alegría de descubrir tu verdadero yo y deja que cada descubrimiento impulse tu ascenso hacia convertirte en la mejor versión de ti mismo.

Mientras navegas por los giros y vueltas de la vida, recuerda prosperar, no sólo sobrevivir. La felicidad, la alegría y la plenitud no son destinos sino compañeros en este emocionante viaje. Deja que tu propósito impregne cada fibra de tu ser, permitiendo que su resplandor ilumine tu camino. Al hacerlo, irradiarás un sol tan brillante que tocará los corazones de quienes te rodean.

Al disfrutar de su propósito, encontrará no sólo satisfacción sino también una profunda sensación de satisfacción que trasciende lo mundano. Aprecia cada momento, disfruta cada triunfo y aprende de cada revés, porque es en estas experiencias donde brilla tu verdadera esencia. Abraza la vida en su plenitud, deléitate con la belleza de tu viaje y deja que el poder dentro de ti te guíe hacia una vida llena de significado y significado.

Epílogo

Al llegar a las páginas finales de "El poder interior", tómate un momento para reflexionar sobre el increíble viaje en el que te has embarcado. A través de los transformadores capítulos de este libro, has profundizado en la esencia de tu ser, descubriendo capas de potencial y fuerza que durante mucho tiempo han estado latentes en tu interior.

Has aprendido que la verdadera grandeza no se encuentra en los logros o elogios externos, sino en la confianza silenciosa y el poder inquebrantable que reside en tu núcleo. Es la capacidad de aprovechar esta fuente de fuerza interior, de abrazar tu autenticidad y de mantenerte firme en tu verdad, lo que te encamina hacia un impacto y una plenitud extraordinarios.

Mientras continúas eliminando las limitaciones autoimpuestas y las expectativas sociales que pueden haber nublado tu visión, recuerda que el viaje de autodescubrimiento no siempre es fácil. Habrá momentos de reflexión, momentos de aislamiento y momentos en los que el peso de la expectativa se sentirá pesado sobre sus hombros. Pero a pesar de todo, aférrate al conocimiento de que dentro de ti hay una reserva de potencial sin explotar esperando ser liberado.

La verdadera esencia de tu poder no reside en cómo te perciben los demás, sino en cómo te percibes tú mismo. Es en el compromiso inquebrantable de aceptar plenamente tu verdadero yo, tanto tus defectos como tus fortalezas, donde encontrarás la liberación y el empoderamiento que buscas.

Entonces, al cerrar este capítulo de tu viaje y salir al mundo de nuevo, recuerda esto: eres una fuerza de la naturaleza, un faro de luz y un recipiente de potencial ilimitado. Acepta esta verdad, aliméntala y deja que te guíe mientras navegas por las complejidades de la vida con gracia y propósito.

El poder que hay dentro de ti es un regalo que espera ser desenvuelto, un tesoro que espera ser descubierto. Abrázalo, hazlo tuyo y deja que su brillo brille para que todo el mundo lo vea. Porque en tu verdadero poder reside la capacidad de moldear no sólo tu propio destino sino también el destino de quienes te rodean.

Adéntrate con valentía en tu grandeza y que el viaje que tienes por delante esté lleno de infinitas posibilidades, alegría ilimitada y el conocimiento inquebrantable de que el poder dentro de ti es verdaderamente ilimitado.